Letture Graduate

Jane Cadwallader

Nonna Rosa
e i piccoli vichinghi

Illustrazioni di Gustavo Mazali

▶ 2 Daniele, Lucia e Gianni sono con la mamma e il papà. C'è anche nonna Rosa con loro!
La guida parla delle case dei vichinghi e... parla, parla, parla!

Ho fame!

Anche io ho fame!

Dov'è il bagno?

3

La guida parla e i turisti fanno le fotografie.
Nonna Rosa prende Gianni per mano.
Daniele e Lucia vanno con lei e salutano
i genitori.

In spiaggia nonna Rosa mette le mani nella sua piccola borsa gialla. Cosa c'è dentro?

Oh! C'è una palla! I bambini giocano con la palla e nonna Rosa dorme. Daniele, Lucia e Gianni sono contenti.

Ehi! Ma dove va la palla?! In una grotta!

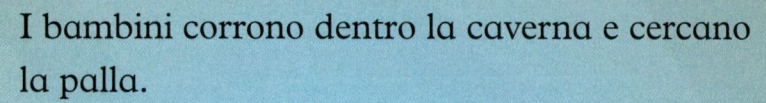

I bambini corrono dentro la caverna e cercano la palla.
Non la trovano ma... trovano un bambino!
Incredibile! È un bambino vichingo!
Ascolta la sua poesia. ■

▶ 3 *Sono un vichingo,
e non amo la lotta!
Benvenuti
nella mia grotta*

*Io vivo qui
Con la mia famiglia!
Essere un vichingo
è una meraviglia!* ■

Sì, grazie!

▶ 4

Ciao! Mi chiamo Eric.
Volete giocare
a palla con me?

Ehi, ma… ci sono anche due bambine vichinghe!
Ascolta la loro poesia. ■

▶ 5 *Siamo vichinghe*
non amiamo la lotta!
Benvenuti
nella nostra grotta!

▶ 6

Noi siamo Gala e Gerda. Possiamo giocare con voi?

Viviamo qui
Con la nostra famiglia!
Essere vichinghe
è una meraviglia! ■

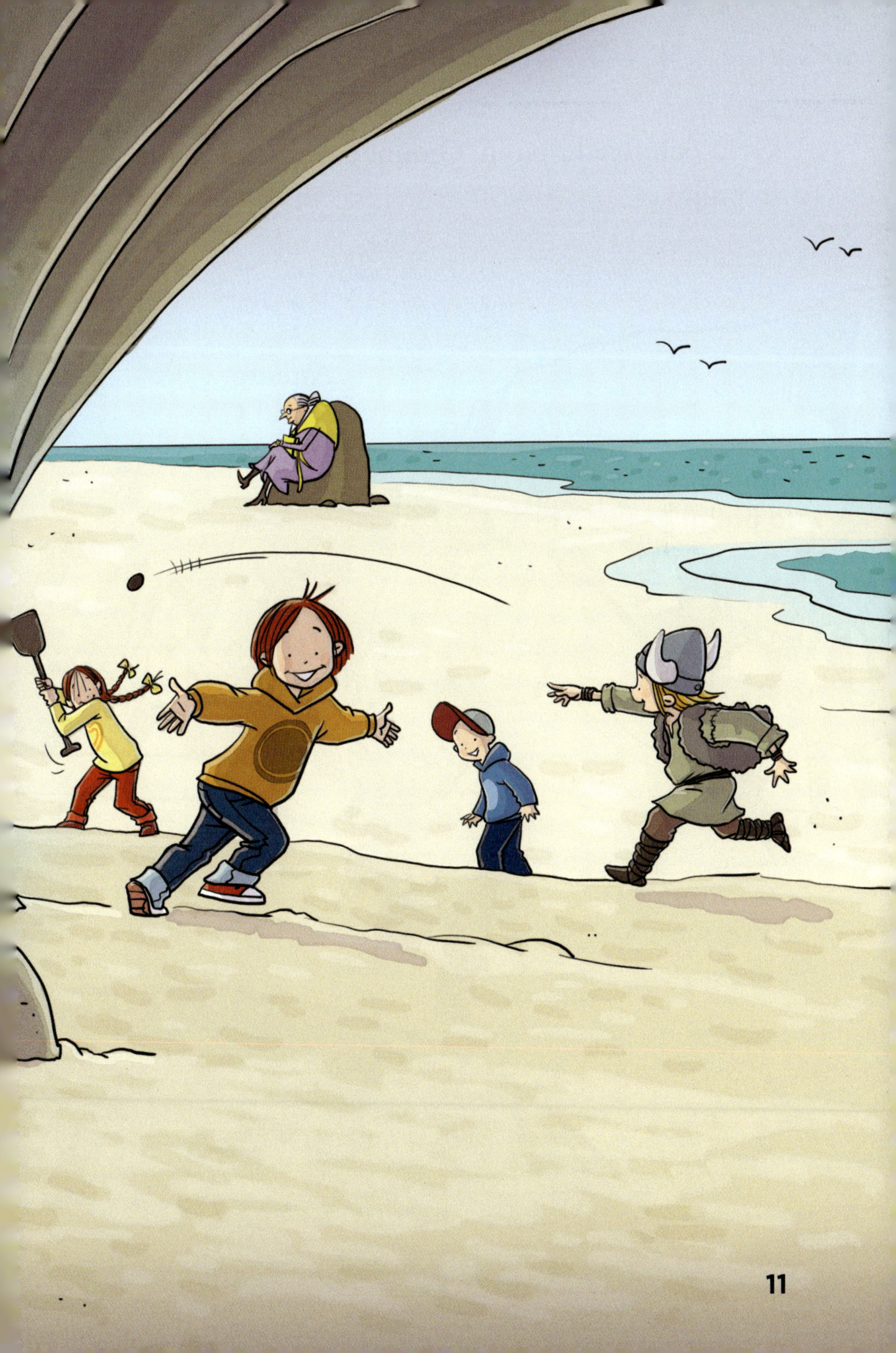

Gala colpisce la palla. Gianni corre per prendere la palla!

Corri, Gianni! Prendi la palla!

Attento, Gianni! C'è una roccia!

Oh, no! Gianni inciampa nella roccia e cade sulla sabbia. Poi dice...

Aiuto! Questa roccia ha gli occhi!

Oh... è vero! La roccia ha gli occhi!
Ma... è davvero una roccia?

Non è una roccia!

È una balena... una piccola balena!

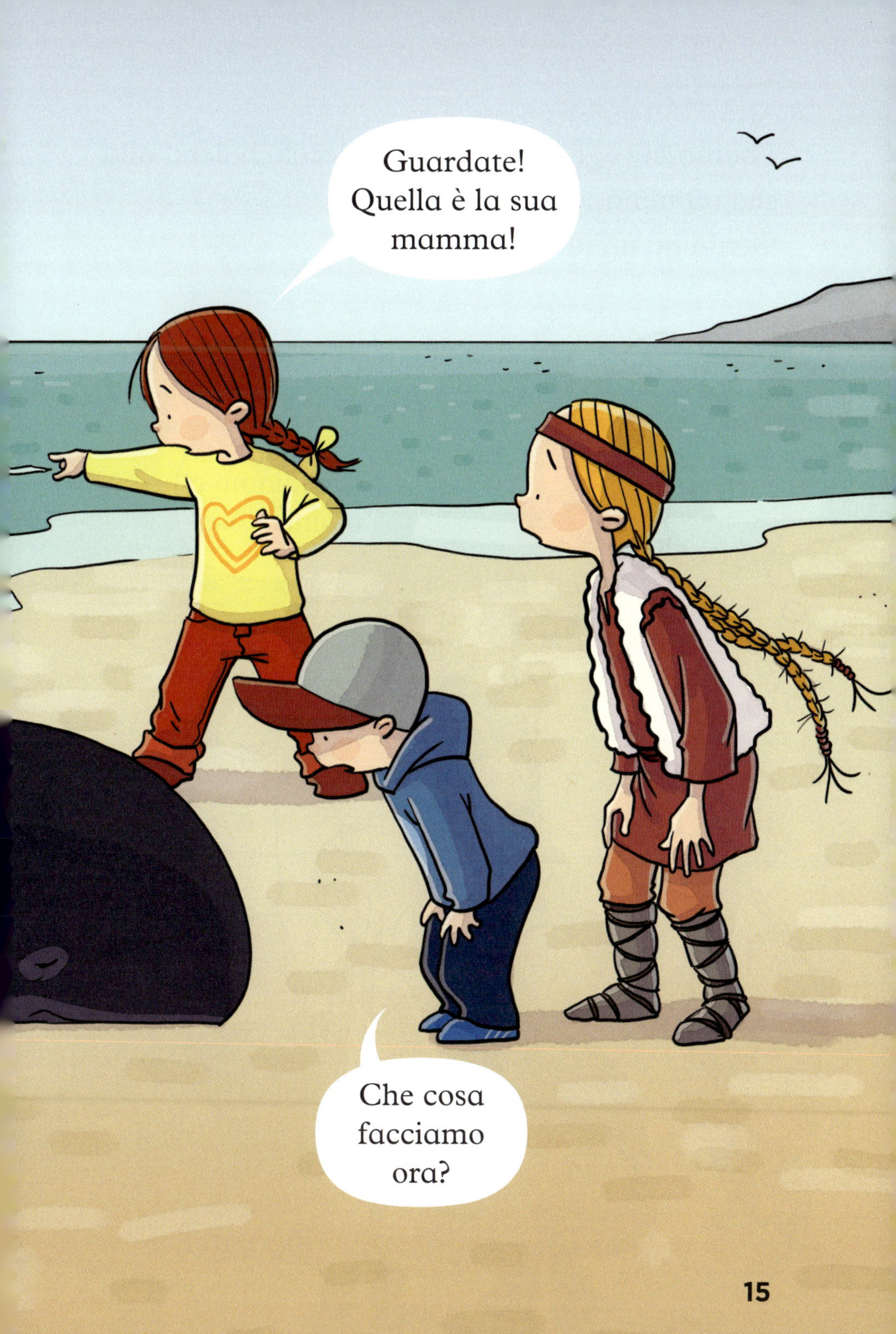
Guardate! Quella è la sua mamma!
Che cosa facciamo ora?

I bambini vogliono portare la piccola balena alla sua mamma… ma come?
Gerda ha un'idea!

Chiediamo a nonna Rosa!

Ci serve una corda!

I bambini chiedono una corda
a nonna Rosa.

"Guardate dietro quelle rocce!"

Nonna Rosa mette le mani nella sua piccola
borsa gialla. Cosa c'è dentro?

Oh! Ci sono un grande gabbiano bianco e una corda gialla!

Il grande gabbiano bianco dà la corda ai bambini.

— Ora ci serve una barca.

— Noi abbiamo una barca! Guardate!

Eric va sulla barca e lega la corda alla coda di mamma balena.
Daniele e Gala legano la corda alla coda della piccola balena.
Gianni e Gerda bagnano la piccola balena con l'acqua del mare.

21

Mamma balena tira e tira!
Anche i bambini e nonna Rosa tirano e tirano…
e il piccolo Gianni bagna la piccola balena.
E…

TIRIAMO!

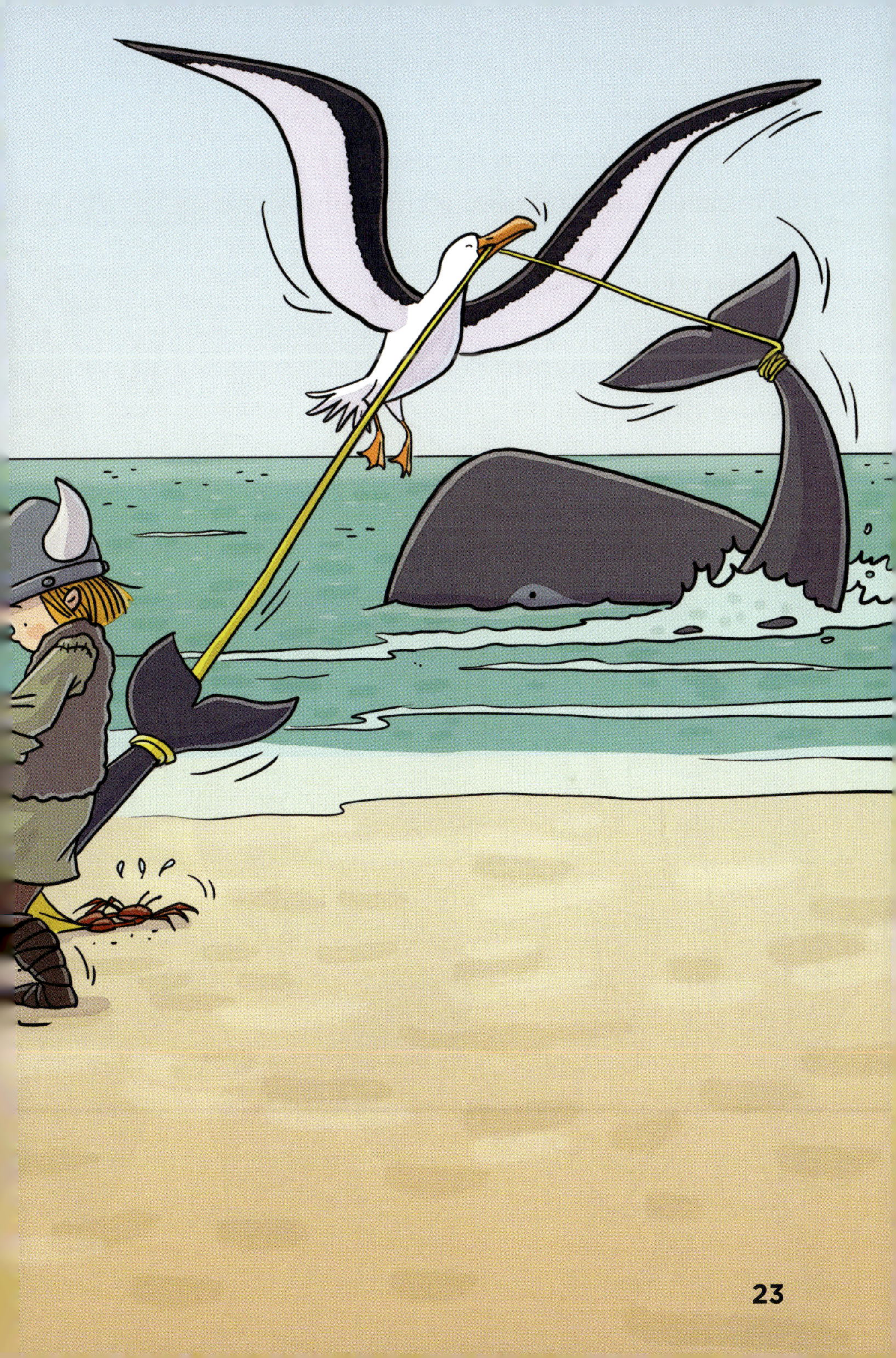

La piccola balena fa SPLASH nel mare!
Daniele, Lucia, Gianni e i bambini vichinghi
sono felici!
EVVIVA! EVVIVA!

Nonna Rosa guarda l'orologio…
è ora di tornare!

25

I genitori di Daniele, Lucia e Gianni ascoltano la guida.
La guida parla e parla e ha un oggetto in mano.

Che cos'è questo oggetto? Non lo sappiamo.

È una palla vichin…

Zitto, Gianni! Ah! Ah! Ah!

La piccola balena nuota nel mare
con la sua mamma.
Grazie, bambini!
Grazie, nonna Rosa! ■

attività

1 **Segna i personaggi del libro e scrivi i loro nomi.**

1  _____   2 _____

3  _____   4  _____   5 _____

6  _____   7 _____

8  _____   9  _____   10 _____

2 Scrivi le poesie sotto al personaggio giusto.

nella nostra grotta! Con la nostra famiglia! Essere un vichingo è una meraviglia! Viviamo qui Benvenuti Siamo vichinghe Con la mia famiglia! nella mia grotta! è una meraviglia! e non amo la lotta! Essere vichinghe Io vivo qui non amiamo la lotta! Sono un vichingo, Benvenuti

3 Scrivi i nomi sotto al disegno giusto.

corda • coda • roccia • sabbia • gabbiano • balena • spiaggia

1  _____   2  _____   3  _____   4 _____

5  _____   6  _____   7 _____

4 Completa le frasi con le parole dell'esercizio 3.

1 La mamma _____ tira e i bambini tirano.
2 La piccola _____ fa SPLASH nel mare.
3 I bambini chiedono una _____ a nonna Rosa.
4 Nella borsa di nonna Rosa c'è una _____ gialla.
5 Il grande _____ bianco dà la corda ai bambini.
6 I bambini giocano a palla sulla _____.
7 Gianni inciampa in una _____ e cade sulla _____.
8 Non è una roccia è una piccola _____!
9 Eric lega la corda alla _____ di mamma balena.
10 La piccola _____ nuota con la mamma nel mare.

5 Scrivi i nomi sotto al disegno giusto. Poi cerca informazioni su internet e segna Vero (V) o Falso (F).

casa vichinga • giocattoli • palla • cappello
• scuola • nave vichinga

1 _____   2 _____   3 _____

4 _____   5 _____   6 _____

	V	F
1 I vichinghi andavano a scuola.	☐	☐
2 La nave vichinga si chiama "drakkar".	☐	☐
3 La casa vichinga si chiama "casa lunga".	☐	☐
4 I bambini vichinghi non hanno giocattoli.	☐	☐
5 I vichinghi portano il cappello.	☐	☐
6 I vichinghi giocano a palla.	☐	☐

6 Disegna e descrivi la tua parte preferita della storia.

7 Ti piace la storia di nonna Rosa e i piccoli vichinghi? Disegna la tua faccia!

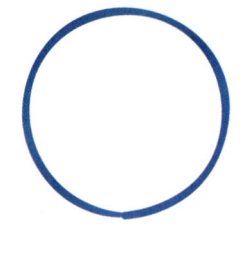

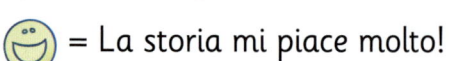

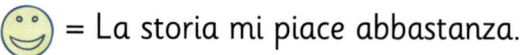

- 😄 = La storia mi piace molto!
- 🙂 = La storia mi piace.
- 😊 = La storia mi piace abbastanza.
- 😐 = La storia non mi piace.